ERLIN
BERLIN STORY VERLAG

überall in Berlin

MADE IN BERLIN

DANIEL SPEHR
KATHRIN SCHULTHESS

MADE IN BERLIN
DANIEL SPEHR
KATHRIN SCHULTHESS
BERLIN STORY VERLAG
ALLES ÜBER BERLIN GMBH
UNTER DEN LINDEN 40
10117 BERLIN
TEL: [030] 51 73 63 08
FAX: [030] 51 73 63 06
WWW.BERLINSTORY-VERLAG.DE
E-MAIL: SERVICE@ALLESUEBERBERLIN.COM

BERLIN
1

2

3

4

5

6

7

8

Nr. 9

10

BERLIN
IST
BESTE

Berlin

Bärlin

Berlin

BERLIN

Berliner

Berlin

BERLIN

Berliner

te
BE
nternationales
raßentheater
estival
Berlin
BER LI
HEST

AUFBAU
19 51
PROGRAMM
43
Goldene Hausnummer
FEUERSOZIETÄT
Sicherheit seit 1718

marak
lamm
hähnchen
vegetarisch
BERLIN
W
t und Päckchen Deutschland + EU
Empfänger/Destinataire
Ort
Allemagne
Bitte hier frankieren
Paketmarken (für
Briefmarken (für
Zulässige Maße und Gewichte
ket und Päckchen Deutschland + EU
HEFT
2

BERLIN
BERLIN
BEZIRKSVERBAND
Berlin Treptow
budapestberlin.blogspot.com
BO
FRUCHT-
GUMMI
MIT FARBSTOFF
ERWACHSENE EBENSO

VEB BERLINER BRAUEREIEN

JAZZ

GENERAL

1978
Türkiyemspor Berlin e.V.
TÜRKİYEMSPOR BERLIN e.V.

Berliner

Teddy's

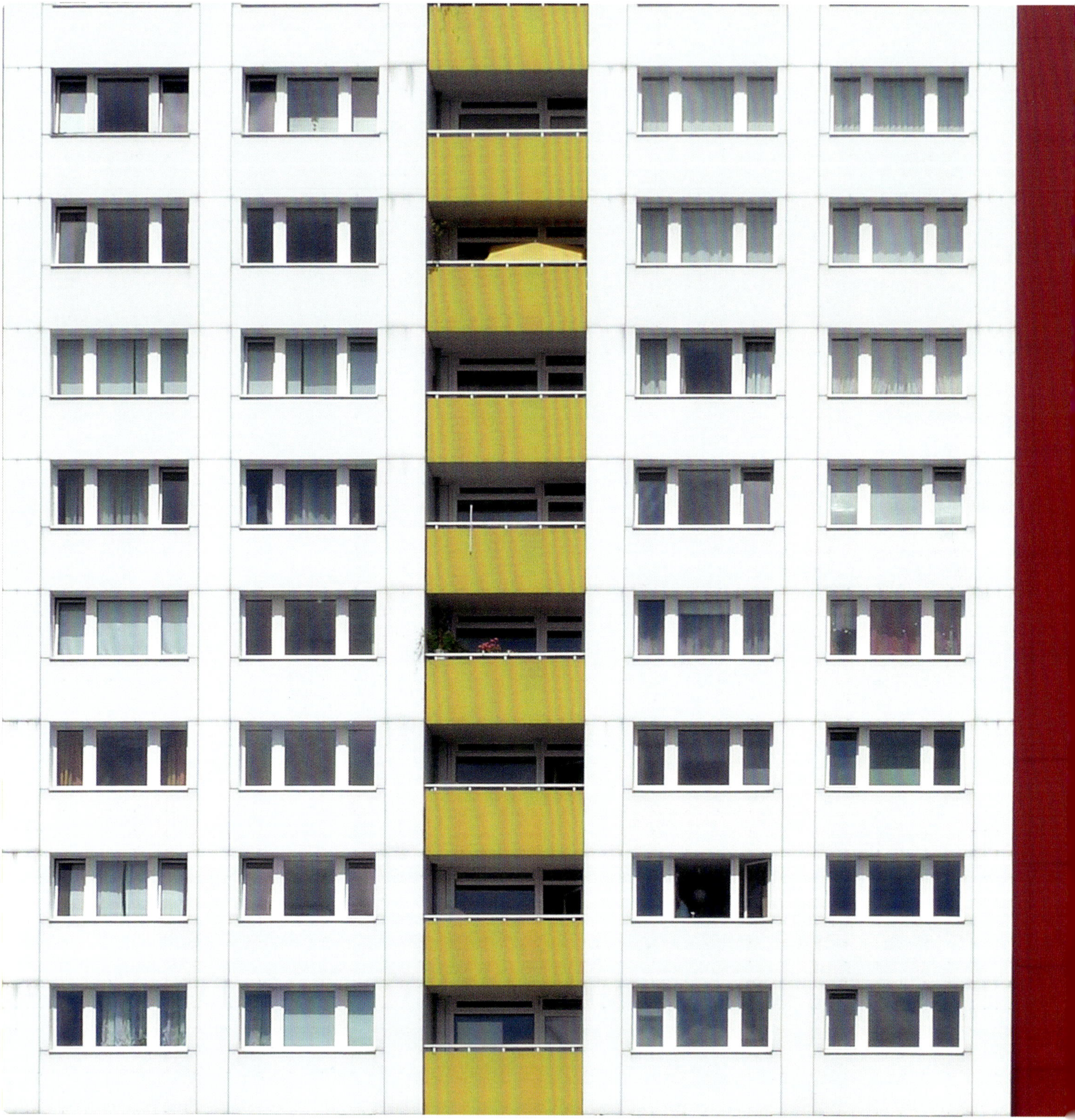

32
770.32.00.14
Sisterhenn
770.32.00.12
770.32.00.02
HONG/KIM
770.32.00.04
Andreeva/Sarkisov
770.32.01.13
Wen
770.32.01.11
770.32.01.03
Yi-Yen Chen
770.32.01.04
Chung
770.32.02.13
Samuel GRIMM MATSCHULAT
770.32.02.11
Antonova
770.32.02.02
770.32.02.04
32 / 03 / 11
770.32.03.13
Jun Zhuang
Marczak
770.32.03.02
770.32.03.04
KOSTADINOVA
TODORANOV
770.32.04.01
770.32.04.09
770.32.04.02
Khouzam Razzouk
770.32.04.04
AREEJ & UMIDA
TAIE
770.32.05.01
770.32.05.02

770.32.00.08
Kang
770.32.00.05
770.32.00.03
770.32.00.07
770.32.00.09
770.32.00.11
770.32.00.13
Bock
MABO TECHNIK
770.32.01.07
770.32.01.05
Son
770.32.01.02
ATLASBAF / TADRIST
770.32.01.01
Mateeva
770.32.01.08
Nadine Falkenhagen
770.32.01.10
Lauba
770.32.01.12
Sun
770.32.01.14
770.32.02.07
770.32.02.05
WANG, Yang / YU, Lining
770.32.02.03
Yang, Dake/Zhang, Yan
770.32.02.01
LE, VIET HUNG
sa Cuenca
770.32.02.08
Gertler
770.32.02.12
LUDWICKA
770.32.02.14
770.32.02.15
LE PETIT
DORIAN ALDEN
770.32.03.05
770.32.0303
MIRIM KIM
301
Lee
Bae
770.32.03.08
Domanska
Lee Li
770.32.03.10
Mukhamedova
770.32.03.12
770.32.03.14
TSYREMPILOVA/ SUTI
770.32.03.15
770.32.04.05
young CHO
770.32.04.11
Linggom
770.32.04.08
Binder
770.32.04.10
770.32.04.12
J.BELL / A.WATERS
770.32.04.13
Saikumar C. BHARAMAPPANAVARA

Quergebaude
Klonz
Wilbrecht
KRONE
ROSS
V. Ansorge
A. WEBER
ELEKTRONIK

2PaC
+
KiNG

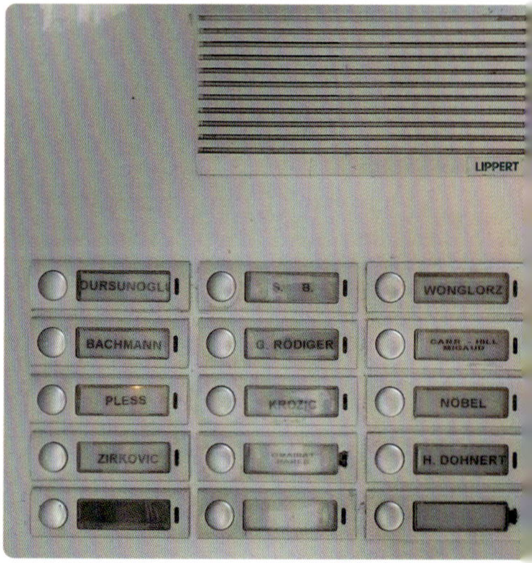
LIPPERT
BACHMANN
G. RÖDIGER
PLESS
NOBEL
ZIRKOVIC
H. DOHNERT
WONGLORZ

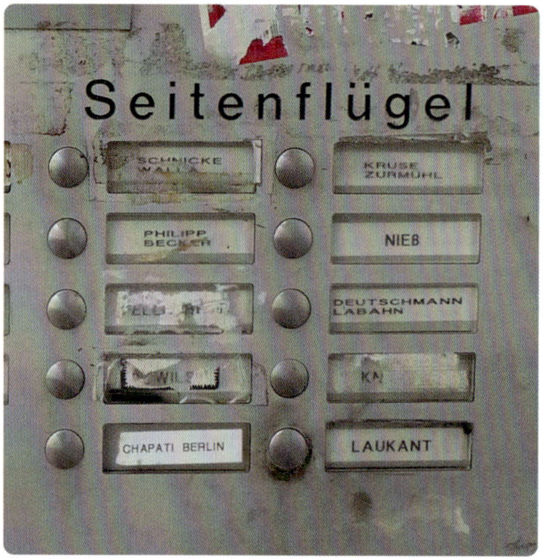
Seitenflügel
KRUSE
ZURMÜHL
PHILIPP
BECKER
NIEB
DEUTSCHMANN
LABAHN
CHAPATI BERLIN
LAUKANT

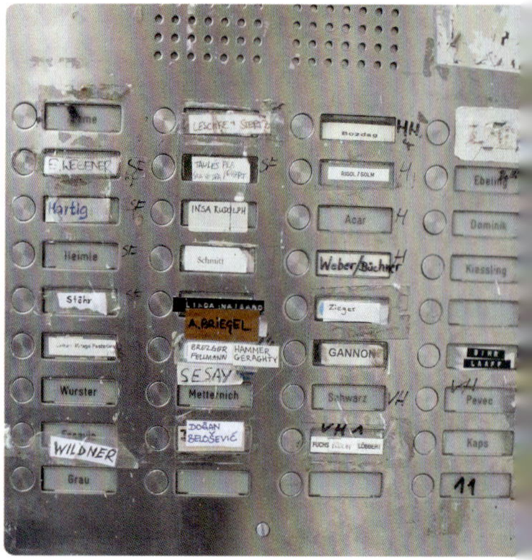
Hartig
A. RIEGEL
SESAY
GANNON
Wurster
WILDNER
Grau

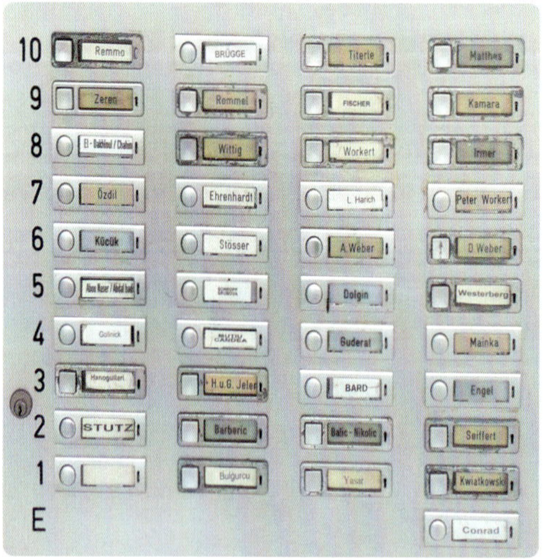
10
9
8
7
6
5
4
3
2
1
E
Remmo
BRÜGGE
Titerle
Matthes
Zeren
Remmel
Kamara
Wittig
Workert
Irmer
Özdil
Ehrenhardt
Peter Workert
Kücük
Stösser
A.Weber
D.Weber
Dolgin
Westerberg
Buderal
Mainka
BARD
Engel
STUTZ
Barberic
Seiffert
Kwiatkowski
Conrad

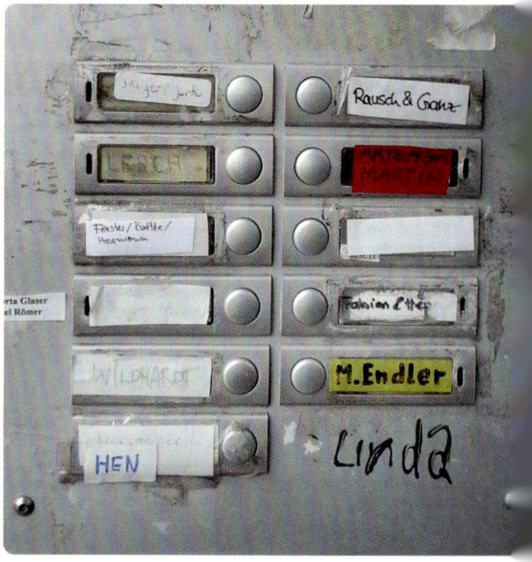
Rausch & Ganz
M.Endler
HEN
Linda

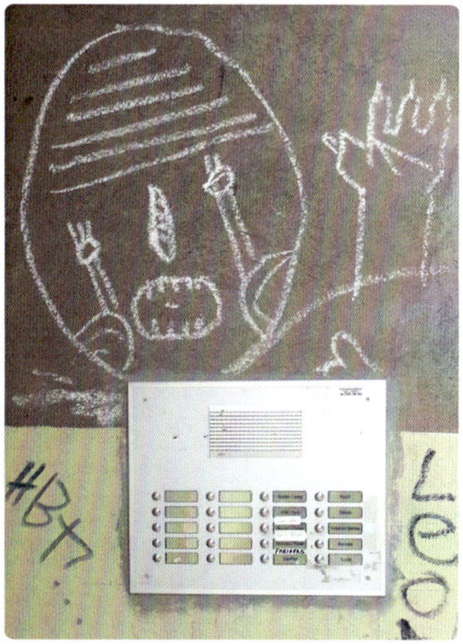

BIN NICHT DA

For Excellence in Poetry

COFREL

Vorderhaus
Seitenflügel
KAIRI!

E+M Flach
K.Schmidt
Schirrmeister
A.Niemeier
Mark Brogan
Henrik Mayer
H.Werner
LAM-ANH LE
RITTO
KLINGEL IST KAPUTT

BLUMEN61

PUB

GRIENEISEN
Grieneisen
Bestattungen
BESTATTUNGEN
LOTTO

APOTHEKE
OTAVI
APOTHEKE
APOTHEKE
Die Schätze von Otavi

fritz-kola
fritz-kola

Foto-Objektiv
FUJIFILM
DIGITAL · FOTOSTUDIO
ANKAUF
ANKAUF
ANKAUF
VON
FOTOGERÄTEN

65
VOLL-
REINIGUNG
65

Multi-Kulti Shop
TV
BERLINER KURIER
WELT am SONNTAG
Berliner Morgenpost
Bild
B.Z.

DM Eck

SAMARA
CAFÉ - BAR
SHISHA - CAFÉ - BAR

NETPOINT
GETRÄNKE
Tabak & Zigaretten
Internet - Callshop - Fax - Copy

HOTEL

Mampe
Halb und Halb
Berliner

GESTALTEN DRUCKEN
FAXEN

Original Vietnam - Küche

NATURKOST
AKAZIENBLÜTE

HIER DEMNÄCHST:
DON'T
PANIC !

BAMBUS

CORTINA BOB
ROCK
& ROLL

hatch
STICKER MUSEUM
OPEN
WED-SAT
12-18 PM
VERVE.248.

PEDITION
STREET
KUNST
KABINE

Für die Presse
Film-Werkstatt
FERRARI macht Krieg
Hier ist X Berg

Elektroanlagen aller Art
Inh. Lothar Menzel
60

EXIT
BONG
Wasserpfeiffen-Textilien uvm.
BONG
GROW-ZUBEHÖR
NEU
NEU
ERÖFFNUNG

FARBEN
FUSSBODEN BELÄGE
TAPETEN

30

53

MÖBEL

MÖBEL

Schimala

30 € 40 € 50 €

WOWSVILLE

KAY TRADE COMPANY
Schuh - Centrum
Damen · Herren · Kinder Schuhe ab 3 €
ALLES MUSS RAUS

FICKEN 3000
WWW.FICKEN3000.COM
BECK'S

ANTIQUITÄTEN
An- und Verkauf
/ Tel.

FAHRSCHULE

RED STUFF

espresso
und mehr!

S.O.U.A.D
ATELIER
S.OUAD

S
H
S
H
S
H
S
S

umlauf

Center

Blumen

FALKEN

Lido

avril

Tabak

.und mehr

UNIDATA

INTIMES

BABALU

HOTEL

Fleischerei

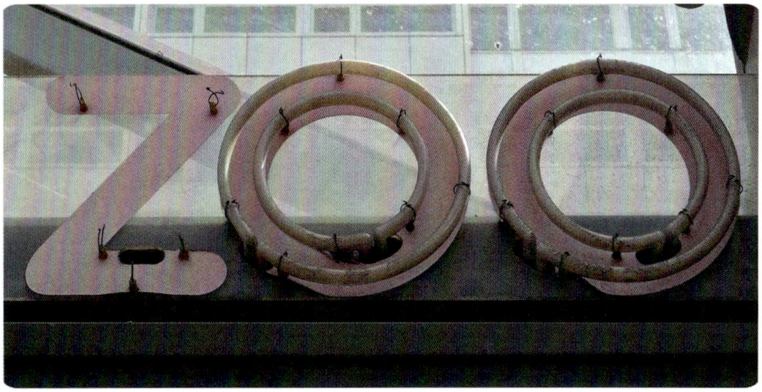
ZOO

SOUVENIRS

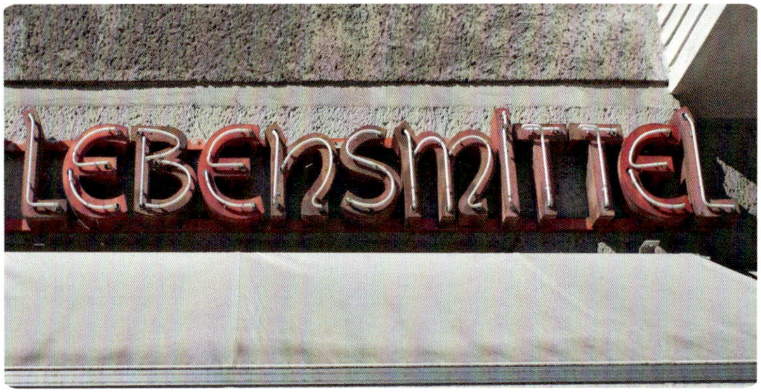
LEBENSMITTEL

STORIA

Dreißig

FRANZ.
BILLARD

WOWSVILLE

DESINFECTIONS·ANSTALT·I

HAUS MERKUR

HOTEL

pflanzen

Glaserei
18

Berg

BABYLON
SPEAKING IN CODE

Nährmittel

Lindt

KUAFOR

LINOLEUM Pannier

ITALO

OPTIK
CONTACTLINSEN

ERD-u. FEUER

Elektro-Geräte

Moderne

Raumkunst

Obst·Gemüse

ALLOPATHIE

KOSMOS

GLATZE

EINSTERN

RECHTSANWALT

BONSAi

Damen
Friseursalon
modisch chic

Mietwäsche
SASSIN

Queen

freiraum

RUSSENSTAHL

B-BAR

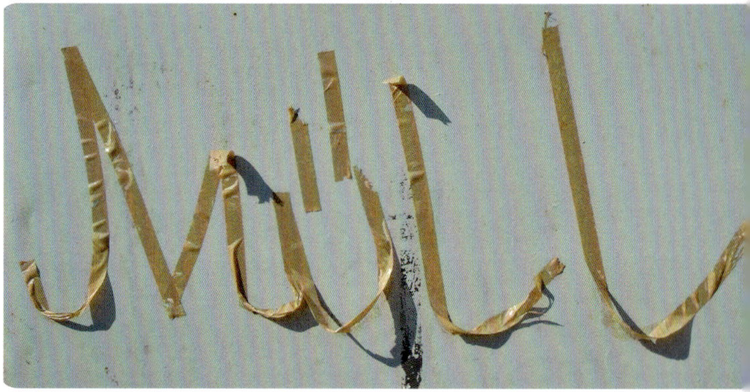
Müll

LAGERTECHNI
BETRIEBSEINRICHT NGEN

Möbel-Fabrik

Long Player

PIG

Berechtigt
zum Melden ist,
wer die Brandstelle
angeben kann.

21

52

28

8

10

11

20
20

8

30

23
23

2

22
22

38
38

43

44

60
INTERNET
COFFEE TO GO
GETRÄNKE
...UND VIELES MEHR

1A

29

NOT
PROFIT

B AD 3596
DUNLOP
DUNLOP

OPEN

sit
sit

TRINK Coca-Cola
TRINK Coca-Cola

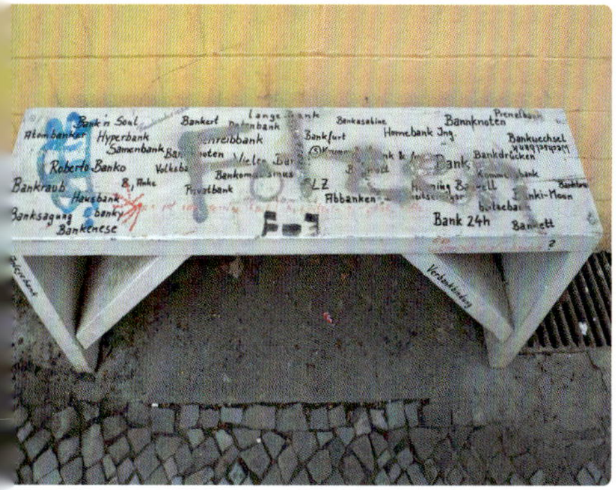
Bank'n Soul
Bankert
Datenbank
Bankasabine
Bannknoten
Atombanker
Hyperbank
Bankfurt
Homebank Ing
Bankwechsel
Samenbank
Bankdrücken
Roberto Banko
Volksba
Bankraub
Privatbank
Abbanken
Hausbank
Banksagung
banky
Bankenese
Bank 24h
Verbankbindung

HOTEL

EIS*BAR

KOSMETIK
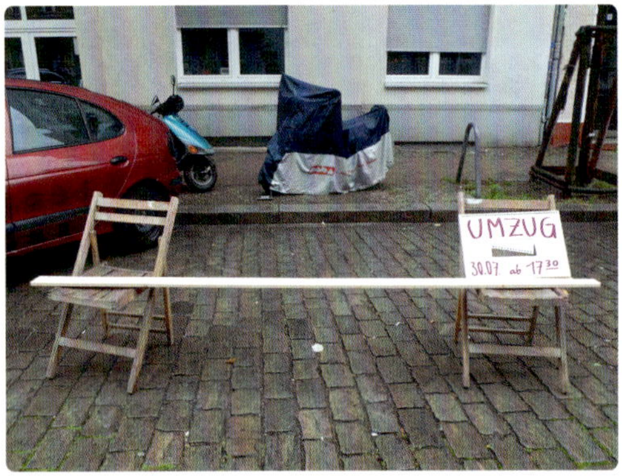
UMZUG
30.07 ab 17:30

KAISER'S
Unsere
herbstliche
Genuss-Welt
0.69
1.49
0.29
0.39
8.99
0.99
0.69
1.49
0.39
1.29

KAISER'S

BUNDESREPUBLIK DEUTSCHLAND

MEDION

EXPEDITION
ETAPPE 4
2-6 Juni 2010
sterrenschleifer

MY PLACE
SELFSTORAGE
Mein Platz für mehr Platz!

NOV·9-89
BIRGIT KINDER
VII. 2009

built of bronx milk
reclaim hip hop • jeden donnerstag • 22uhr
shangl hangl galerie ~ schönstedt straße ~ U7 rathaus neukölln

Die hier unberechtigt
abgestellten Fahrzeuge
werden kostenpflichtig

Die hier unberechtigt
abgestellten Fahrzeuge
werden kostenpflichtig
abgeschleppt.

Unberechtigt
parkende Fahrzeuge
werden kostenpflichtig
abgeschleppt

Einfahrt freihalten-
unberechtigt abgestellte
Fahrzeuge werden kosten-
pflichtig abgeschleppt
SHERON
NGA Berlin - Mitte

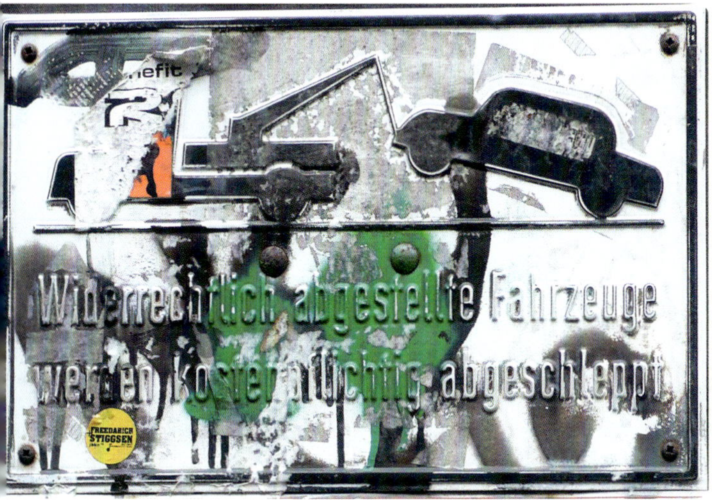
Widerrechtlich abgestellte Fahrzeuge
werden kostenpflichtig abgeschleppt

B Unberechtigte
parkende Fahrzeuge
Xwerden kostenpflichtig
Babgeschleppt O

MAYBACHUFER

TV MobileFone

YEAH 10
ANSA blumenfischer GmbH
• Wärmedämm-Verbundsysteme
• Fassadenarbeiten
• Malerarbeiten
• Sanitär / Heizung
• Hausreparaturen
Tel: 030 / 397 44 758
Fax: 030 / 397 44 759
www.ansa-blumenfischer.de

B SG 150
80

Satansbraten
PARTYSERVICE * CATERING

ASTRE!?
RUSSE?!

IMBISS

CLIFF
261.
2010.
MACHT

Strümpfe
für alle
SPAIR

ON THE ROADS

Eier und Gefluegel

Karussell
Fahrten
Heute frei!!!

DA10

SCHÜLERLOTSEN

Achtung !
Kinder

Das ist hier
nicht erlaubt !

Kinderspielplatz
Benutzung: 8 - 20 Uhr
während der Sommerzeit: 8 - 21 Uhr

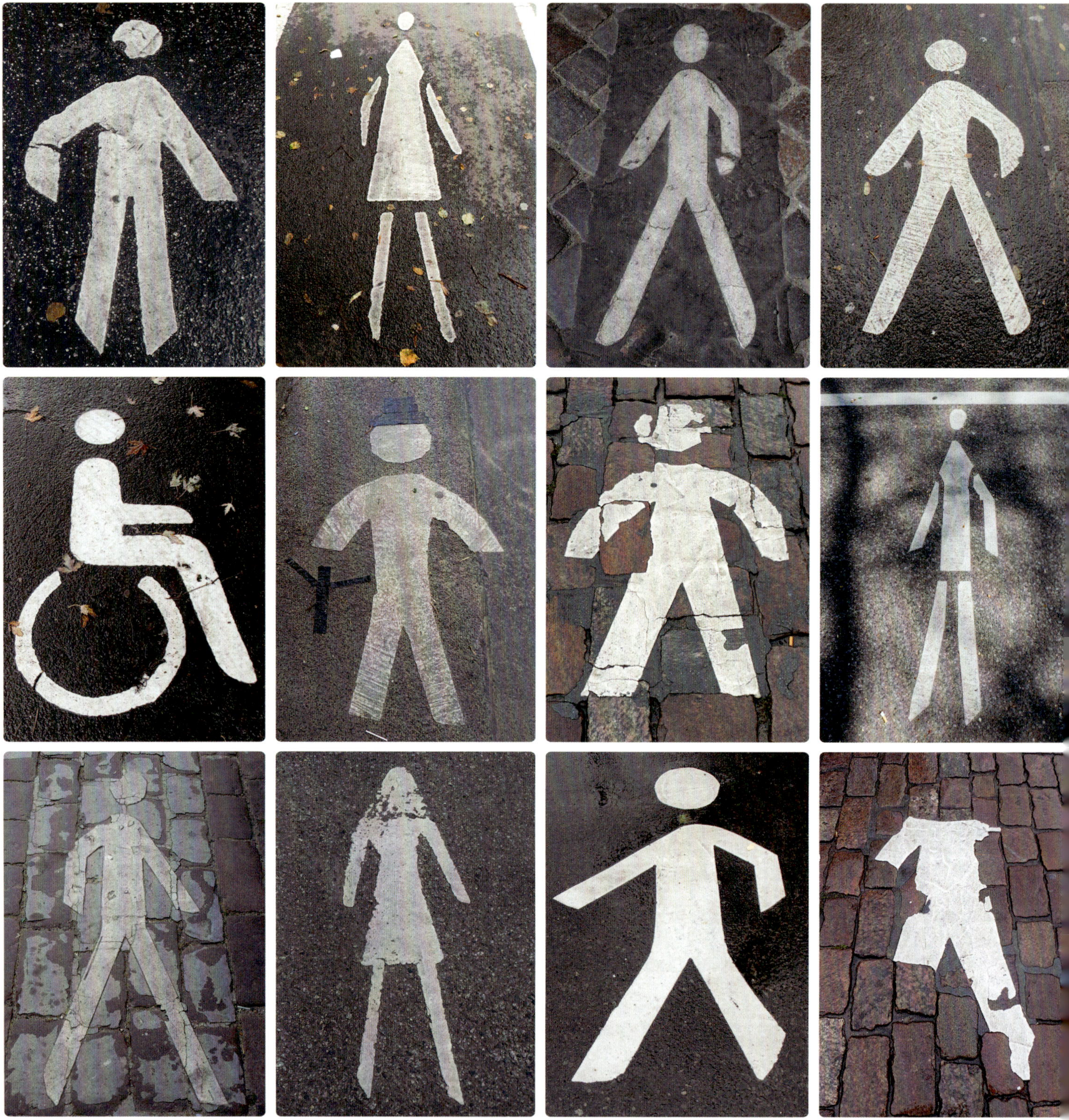

ROAD

media
spree

150

SIOTH

2m

1
Einbahnstraße
Betreten
bei Schnee und Eis
auf eigene Gefahr!

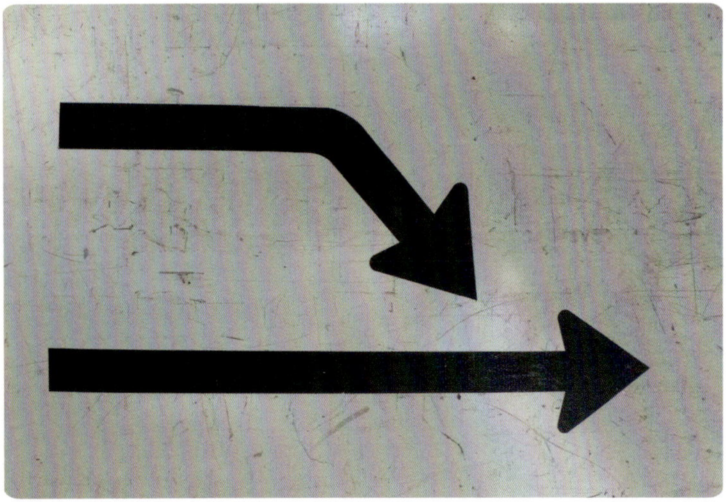

Frisch
OPEN

Kaffee und Kuchen
gibt es nebenan!

Parkplätze

TREND

ZUM MUSEUMSEINGANG

BAUSTELLE
KEULE

72

SPORTSWORLD

LIMP
HUXLEYS

BILLIG
LEFONIEREN

Happy
Birthday
KOST
See Me
UVCE

ASIA LADEN

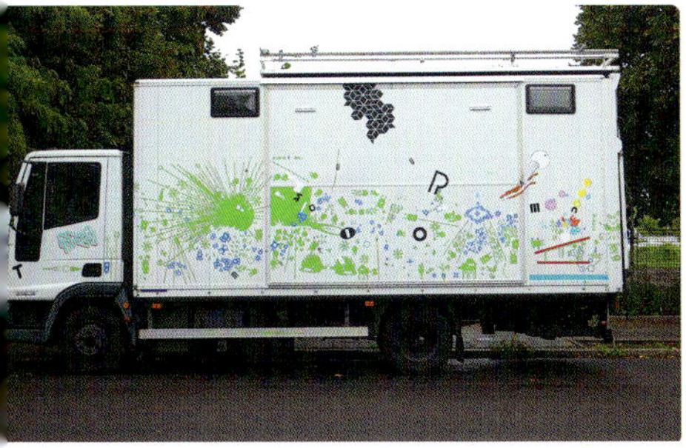

FIFFI

Lofts / Gewerberaum

Georg Franz
Köpenicker Weinladen
611 90 09

GOLDEN
TOAST

Rock'n'Roll

D
B IO 2320
B BQ 665
SCHIEL Tempelhof Großziethen
B AR 2793
OPEL BESSEMERSTRASSE Filiale Köpenick
B AD 5011
B MX 2657
Autohaus Reimann & Gutmann GmbH · March · Neuershausen
B US 922
KÜHLBORN Fahrzeuge GUXHAGEN
DAN CE 16
Autohaus Bönig · 29439 Lüchow
MOL I 749
smart www.smartcenter-berlin.de
BAR BI 999
RAFFAY smart City Hamburg
OL A 3357
CO SY 99
Ernst-Auto
NE ST 3456
www.autohaus-tolles.de Dormagen-Nievenheim
B RD 4168
BMW Group Niederlassung Hamburg
WES T 8880
SATURN · MOERS
B AM 3467

B LA 4000
B LA 6081
VW-Nutzfahrzeug-Zentrum Verden www.finkenberg.de 04231/95420
B LA 8208
DÜRKOP Die automobile Marke WWW.DUERKOP.DE
B LA 4092
www.goernerautohandel.de 030/2816111
B LA 9216
B LA 7029
AUTO - LEMKE KFZ - HANDEL GUNTERSBLUM 06249-79 79
B LA 236
MITSUBISHI Autohaus Eschenlohe 85 11 MITSUBISHI
B LA 8104
AUTO FÄRBER KIRCHHUNDEM · WÜRDINGHAUSEN
Mercedes-Benz
B LA 8749
KLAUS+CO Flensburg · Niebüll · Kappeln
B LA 4943
Honda - Mobil - Center - Berlin
B LA 5593
B LA 2786
AUTOHAUS ZEIGER Heusenstamm Tel. 06104/96250
B LA 6277
www.dacapo-online.de 03362/889378
VOLVO
B LA 1633
www.Koch-Gruppe.de
B LA 1090
Car Service Berlin ... in Hohenschönhausen 030/98300110

24h Notdienst

Louis
www.louis.de
TEAM
Hein Gericke
www.louis.de
Louis
louis.de
B-NX
233
Hein Gericke
www.hein-gericke.com

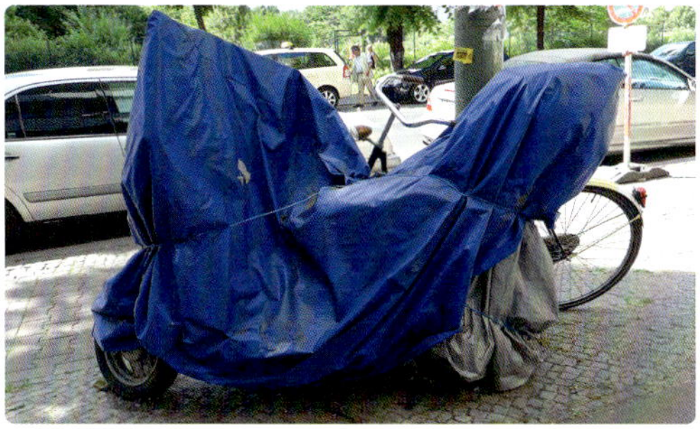

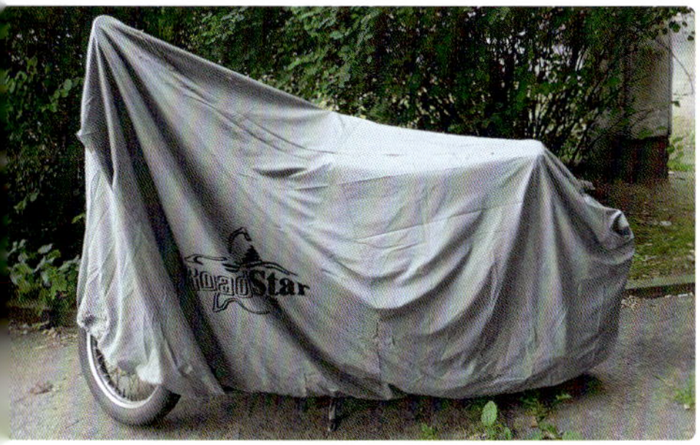

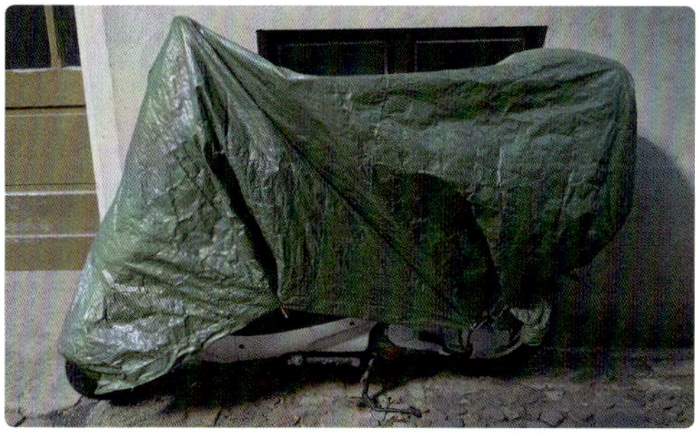

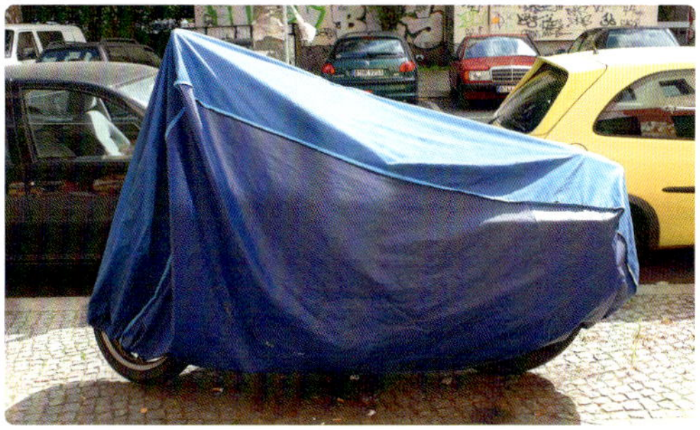

polo

www.louis.de

GUSS
MEIPREN
Berliner Wasserbetriebe
D400 DIN EN124 DIN19584

PASSAVANT
WM
ARMATURWERK-KAISERSLAUTERN
BWB
WASSER
BUDERUS
W

LOCATE ME

Blätter und Blüten sind essbar
Schnittlauch Polyvit
gefriergeeignet
Schlingpflanzen Mischung
6 m Saatband
Schnecken Schreck
Sonnenblume Ring of Fire
Bartnelke Gefüllte Mischung
Kapuzinerkresse Lachs
Blätter und Blüten sind essbar
Mit Sorten-etikett!
Mangold
Spinat
Matador
Kohlrabi
Zucchini
Ambassador
Florina

DIN
100
VAG

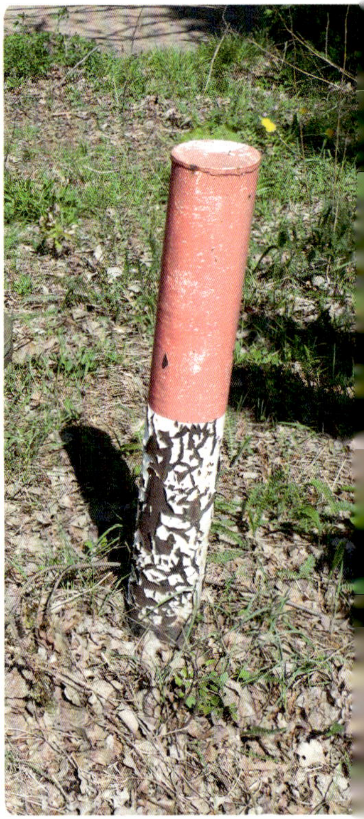

HAN
HAN
HAN

Wenzel
Wenzel

ZONE

HERMES

THEATER
RAW-TEMPEL

草(另詳)
35

FAHRRAD Laden
HARZER-STR. 86

CITY SHOP at TV-tower
Rent a bike
& Souvenirs
10 €/day
Panoramastr. 1A
10178 Berlin
www.city-shoprentabike.de

Wer ist der Chef?
ANUBYS
Hundeverhaltenszentrum
• Auslauf-Service
• Hundeschule
• Einzeltraining
Infos unter:
www.anubys.de

VINTAGE &
SECOND-HAND
50 M →

RENT a BIKE
1 DAY:
10€
Oranienburgerstrasse 16
FAMOS

SUPER STORE
VINTAGE
200 meters

50m. Guesthouse
Zimmer AB € 40,-
LEKKER URLAUB

1 Min.
Croissanterie Belmondo
Frische Baguettes belegt nach Wunsch ab 2,50
Croissants, Quiche, Kuchen, Coffe
Mo-Fr: Tagessuppe Heute: SPARGEL-Suppe
3,90
Hausgemacht!

FAHRRADAUSLEIHE
Tel. 030/4476666
FRIEDRICHSTR.129
200 Meter
RENT A BIKE

RENTAL
BIKE
Brunnenstr.44

Zu
verkaufen

ABHOLUNG
VON
ALT METALLEN
TEL: 0162 3212303

MANGEL
WIRTSCHAFT
65 °C
Bar | SB-Waschsalon
self-service laundrette | libre-service laverie
Cafe - Frühstück - Snacks
Paul-Robeson-Str. 42

www.KIEZBEWEGUNG.d
SPORT ◦ TANZEN ◦ COACHING
Gotlandstraße 7

Rent a bike
FÄHRRADAUSLEIHE
FRIEDRICHSTR. 129
350 m
Rent a bike 030/4476666

SALE

CABBY
Gazelle

KING OF
BOTTLES
BERLIN

BISTRO · CATERING

TIEFPREIS -
GARANTIE FÜR :
DRUCKER-
PATRONEN
Papiertiger
Warschauer Str. 83
(neben McDonald's)
TIEFPREIS -
GARANTIE FÜR :
DRUCKER-
PATRONEN
Papiertiger
Warschauer Str. 83
(neben McDonald's)

Bosch Miele
Siemens AEG
ab 79€
inkl. 12 Monate Garantie
E-Haus
10m

B RX 2941

FIXED
KAMPFRADLERN

gesperrt
FXD NOSTRA
CHESS
BOXING
BERLIN vs LONDON

Andere Postleitzahlen
Postleitzahlen 10000 - 16999
STILL NOT ♥ ING POLICE!

Andere Postleitzahlen
Postleitzahlen 10000 - 16999
(Region Berlin / Brandenburg)
STILL NOT ♥ ING POLICE!

Andere Postleitzahlen
Postleitzahlen 10000 - 16999
(Region Berlin / Brandenburg)
ATOMKRAFT? NEIN DANKE
KEINE GESCHÄFTE MIT NEONAZIS
WEG MIT THOR STEINAR UND RECHTEM LIFESTYLE

Andere Postleitzahlen
Postleitzahlen 10000 - 16999
(Region Berlin / Brandenburg)
SAMAVAYO
HM
GEWALTIGE ZEITEN

Andere Postleitzahlen
Postleitzahlen 10000 - 16999
(Region Berlin / Brandenburg)
Conexión Musical
BERLIN

Andere Postleitzahlen
Postleitzahlen 10000 - 16999
(Region Berlin / Brandenburg)
nonpd
AKA
WE WILL TAKE BACK THE CITY!
MUMIA 3-12

Postleitzahlen 10000 - 16999
(Region Berlin / Brandenburg)
Leerungszeiten
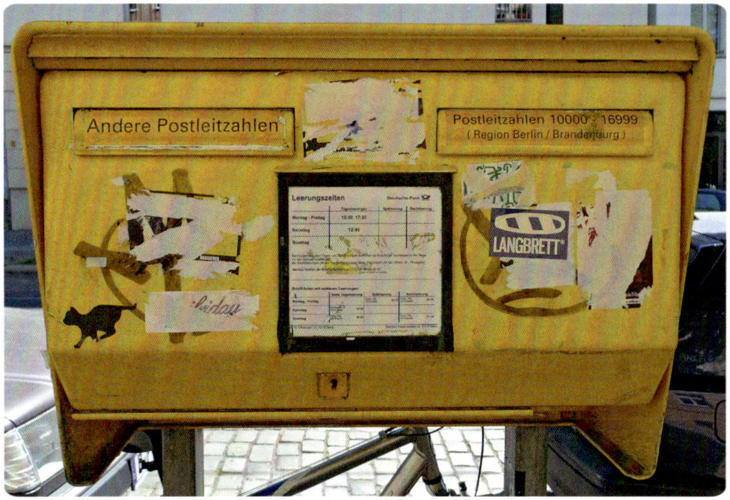
Andere Postleitzahlen
Postleitzahlen 10000 - 16999
(Region Berlin / Brandenburg)
Leerungszeiten
LANGBRETT

Andere Postleitzahlen
Antifaschistische Aktion
Postleitzahlen 10000 - 16999
(Region Berlin / Brandenburg)
MARK
ART
Leerungszeiten
Deutsche Post
OSTBERLIN
WEINROT WEISS
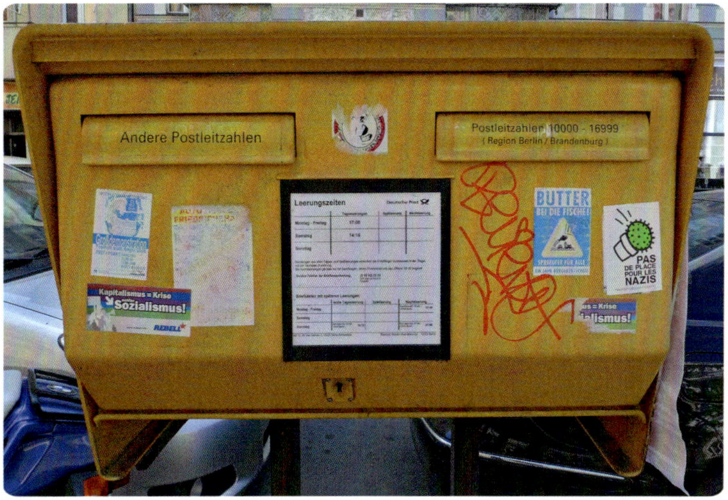
Andere Postleitzahlen
Postleitzahlen 10000 - 16999
(Region Berlin / Brandenburg)
Leerungszeiten
BUTTER BEI DIE FISCHE!
PAS DE PLACE POUR LES NAZIS
Kapitalismus = Krise
Sozialismus!
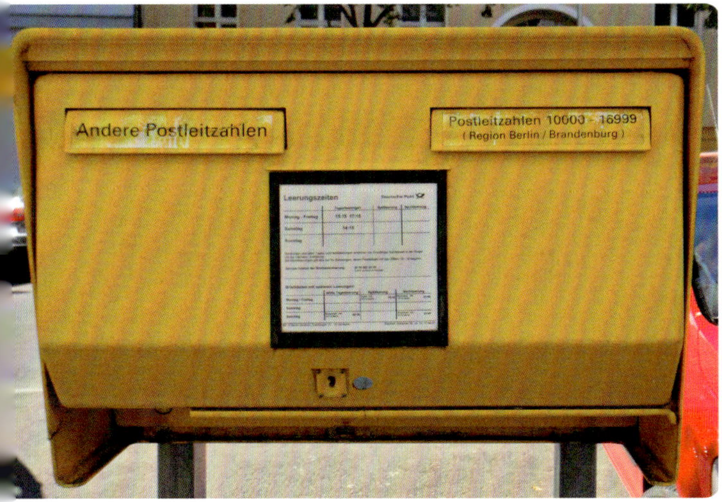
Andere Postleitzahlen
Postleitzahlen 10000 - 16999
(Region Berlin / Brandenburg)
Leerungszeiten

kessel
CASTOR STOPPEN
So grün ist nur Orange
BSR
Stromkasten
Aus Abfall erzeugen wir Strom für 100.000 Haushalte
So grün ist nur Orange
BSR
Dabei rein ist alles.
KILLEKILL
Was Du
heute ka
entsorgen ...
So orange ist nur Berlin
BSR
FUKU
MAHNT:
ALLE AKWS
ABSCHALTEN!
Großdemonstration 26. März 11
Berlin
Hamburg
Köln
München
www.anti-atom-demo.de
DsMOTIO
BABY
BEARS 4
BEARS
THIS
SATURDAY
AT FUCHS
BAU LO-Fi
DRESS TO IMPRESS !!!
Mittelstreifen
Wow! Wow!
Front
Die Jugend von heute?
Freitag, 2. Juli 2010
18 Uhr
Blauer Salon (Mehringhof)
rso
BERLIN
BSR
FIEBER
TRACK
michael wink
beatmissionar
mr. blowfish &
19.06.
FORM CLUB
MTC YAW
AMANING
MC SOULTRAIN
RENOVIERUNGEN
Entrümpelungen aller Art
0163 / 13 44 916
alle Delicti
So orange ist nur Berlin
BSR
HATE
YUPPIE

sei pico
sei bello
sei berlin
Corpus für alle Delicti
So orange ist nur Berlin
BSR
Wow! Wow!
Großartig, wie Sie das Geschäft Ihres Vierbeiners eingetütet und bei uns entsorgt haben.
So orange ist nur Berlin
BSR
CO2-Sparbüchse
Aus Abfall erzeugen wir Strom und Wärme und senken so die CO2-Belastung
So grün ist nur Orange
BSR
Ihre Papiere, bitte!
POLIZEI
Einwurf!
URBEN
Einwurf... Tooor!
BSR
In die Tüte mit dem Dreck, in die Tonne und er ist weg!
Bitte nutzen Sie unseren Hundekotbeutelspender!

C&A

5141
GRUNSKE
www. GRUNSKE.net

0735

S-U-C
CONTAINER-SERVICE
76 50 33 00

Alles bestens entsorgt.
ALBA
35 182-

562 70 77

033434/41110
HTB

Fehr
030/55177-0

Bezirksamt
Mitte von Berlin

025
BCA
030-78703915

Selbstlader- und
Containerservice
BERND KLEBS
030/3 91 54 76
E-mail: bernd.klebs@t-online.de
K 88

3-126
Dressler
Containerdienst GmbH
Abbruch · Erdbau · Recycling
030/65 66 000

NGAR YOGA INSTITUT
BERLIN
FRISEUR
SEKTE · BIERE
MÖBEL KRAFT
BERLIN-SCHÖNEBERG VOGELSDORF

SPIRITUOSEN
O2
BISTRO
CAFE
Berlin hat sein Herz zurück

ONANIEREN
Bitte beachten !
Bezirksamt Friedrichshain-Kreuzberg
von Berlin
FB Naturschutz- u. Grünflächen
Tel.: 90 298 80 24

Geschützte Grünanlage
Bitte beachten !
Hunde sind in de
Betreten bei Sc
Bezirksamt Friedrichshain-K
Tel. 90 298-80 24

Geschützte Grünanlage
GESETZ VOM 24.11.1997
Leinenzwang für
Hunde
Benutzung der Grünanlage
auf eigene Gefah
Bezirksamt Treptow-Köpenick von Berlin
Amt für Umwelt und Natur

Betreten bei Sch
auf eigene
Bezirksamt Treptow-Köpenick von Berlin
Amt für Umwelt und Natur

Geschützte Grünanlage
Bitte beachten !
Bezirksamt Friedrichshain-Kreuzberg
von Berlin
FB Naturschutz- u. Grünflächen
Tel.: 90 298 80 24

Bitte beachte
Betreten

Geschützte Grünanlage
Bitte beachten !
sind in Grünanlagen
nur angeleint mitzuführe
eten bei Schnee und Glätte
auf eigene Gefahr
Bezirksamt Friedrichshain-Kreuzberg
von Berlin
FB Naturschutz- u. Grünflächen
Tel.: 90 298 80 24

MAY
DAY
PARADE
HEADS UP HIGH
MASSAYA
HAMBURG
SOLID
GROUND
SOUND
BERLIN

Bezirksamt Neukölln von Berlin
Leinenzwang für
Köpeklere ipsiz gezmesi yasaktır
Ballspiel verboten
Top oynamak yasaktır

Bitte Hunde
an der Leine
führen!
Ballspielplatzordnung

smily.tk
Tel. 030 / 90298 - 8024

Geschützte Grünanlage
Bitte beachten !
Bezirksamt Friedrichshain-Kreuzberg
von Berlin
FB Naturschutz- u. Grünflächen
Tel.: 90 298 80 24

KEIN ORT FÜR NAZIS
Geschützte Grünanlage
GESETZ VOM 24.11.1997
Kacke am Schuh? Nein Danke!

Bitte beachten !
Hunde sind in der Grünanlage
Schnee und Glätte
Gefahr!
Grünflächen

MEPH

Schlüssel
gefunden!
Melden bitte unter
0179-6685828

wanted: NEMO
i want something good to die for
to make it beautyful to live.
a star in space
: auffaellig durch art. breite schultern. wache augen. 1 wenig irre. gross. eher still. schoenhauser & gegend da so: wenn gefunden: ansprechen. festhalten. witze reiZen (darauf steht er) mir mailen (miss_parker@arcor.de). ihn zur not fesseln. ich komm dann. mein herz bedankt sich im voraus: mp
real love

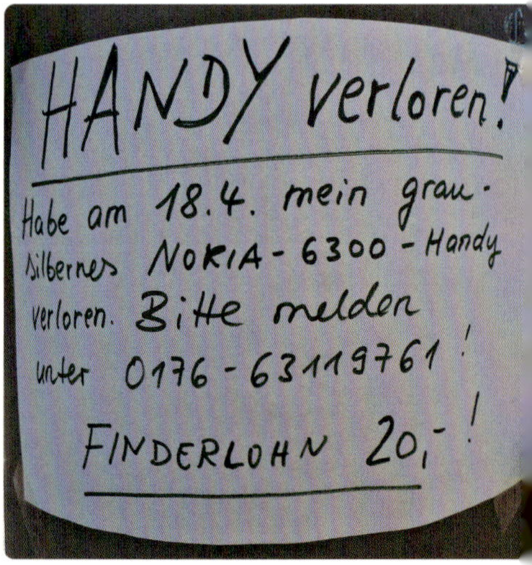
HANDY verloren!
Habe am 18.4. mein grau-silbernes NOKIA-6300-Handy verloren. Bitte melden unter 0176-63119761!
FINDERLOHN 20,-!

KLINGEL
IST
KAPUTT

Foto
1 Euro

frisch gestrichen

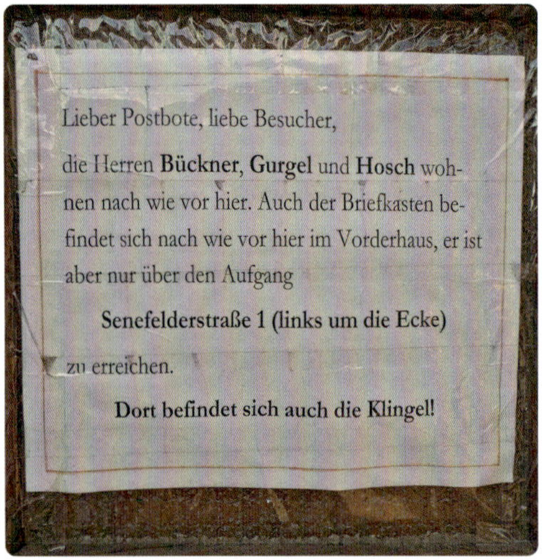
Lieber Postbote, liebe Besucher,
die Herren **Bückner**, **Gurgel** und **Hosch** wohnen nach wie vor hier. Auch der Briefkasten befindet sich nach wie vor hier im Vorderhaus, er ist aber nur über den Aufgang
Senefelderstraße 1 (links um die Ecke)
zu erreichen.
Dort befindet sich auch die Klingel!

FUCK
THE
TOURISTS

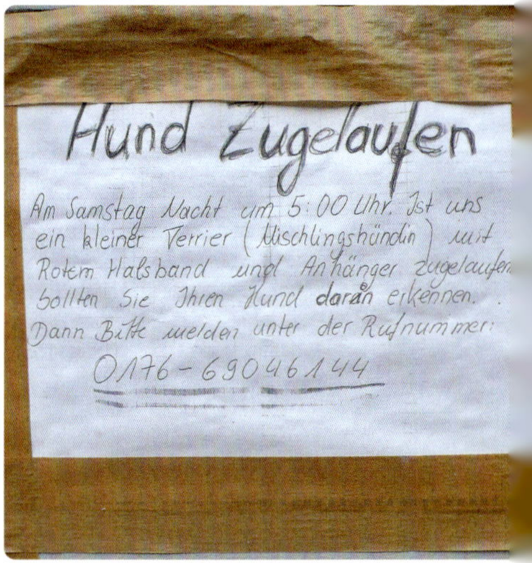
Hund Zugelaufen
Am Samstag Nacht um 5:00 Uhr. Ist uns ein kleiner Terrier (Mischlingshündin) mit Rotem Halsband und Anhänger zugelaufen. Sollten Sie Ihren Hund daran erkennen. Dann Bitte melden unter der Rufnummer:
0176-69046144

Benötige
dringend
aufmunternd
Worte

HOHE BELOHNUNG
Kater Mischka ist grau-braun getigert und hat an der linken Hinterpfote einen schwarzen Punkt. Er ist Freiläufer und kommt immer nach Hause wenn er kann! Vielleicht ist er in einem Keller oder Dachboden eingeschlossen... Bitte helft mit und schaut nach!

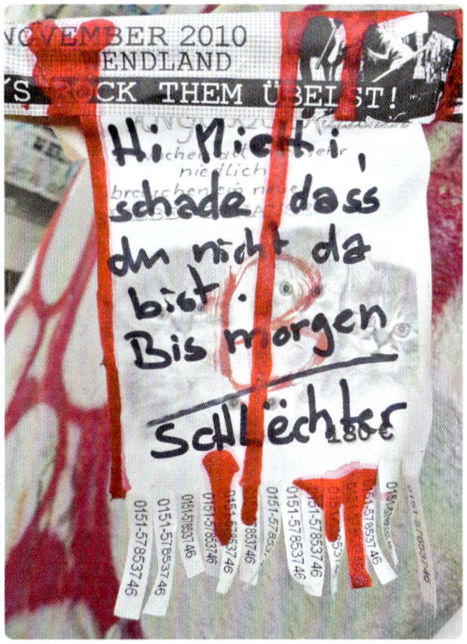
NOVEMBER 2010
ENDLAND
Hi Michi,
schade dass
du nicht da
bist.
Bis morgen
Schlechter
0151-57853746

VERMISST
„Das kleine Schwarze“ wird von ihrem Brüderchen kläglich gesucht und findet sicher nicht nach Hause. Verschwunden in der Manteuffelstraße am 20.08.'10
Finderlohn!
0151 – 5 666 44 90

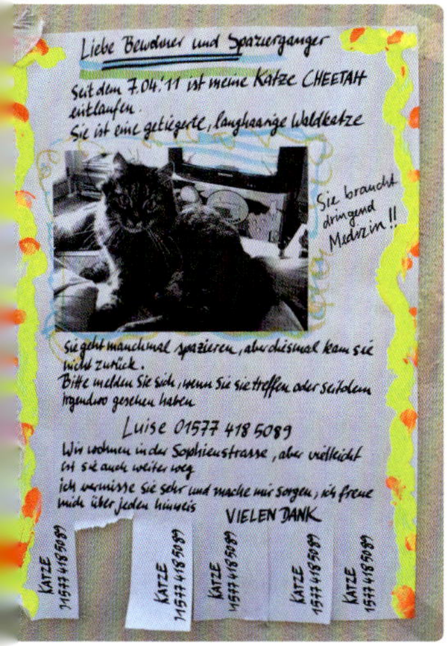
Liebe Bewohner und Spaziergänger
Seit dem 7.04.'11 ist meine Katze CHEETAH entlaufen.
Sie ist eine getiegerte, langhaarige Waldkatze
Sie braucht dringend Medizin!!
Sie geht manchmal spazieren, aber diesmal kam sie nicht zurück.
Bitte melden Sie sich, wenn Sie sie treffen oder seitdem irgendwo gesehen haben.
Luise 01577 418 5089
Wir wohnen in der Sophienstrasse, aber vielleicht ist sie auch weiter weg.
ich vermisse sie sehr und mache mir sorgen, ich freue mich über jeden hinweis
VIELEN DANK
KATZE 01577 418 5089

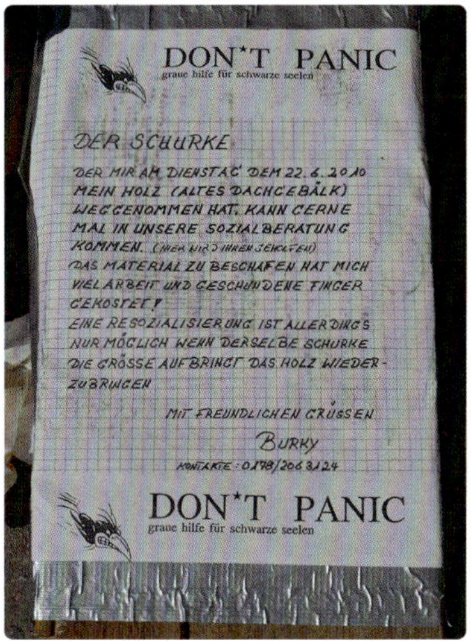
DON*T PANIC
graue hilfe für schwarze seelen
DER SCHURKE
DER MIR AM DIENSTAG DEM 22.6.2010 MEIN HOLZ (ALTES DACHGEBÄLK) WEGGENOMMEN HAT, KANN GERNE MAL IN UNSERE SOZIALBERATUNG KOMMEN.
DAS MATERIAL ZU BESCHAFEN HAT MICH VIEL ARBEIT UND GESCHUNDENE FINGER GEKOSTET!
EINE RESOZIALISIERUNG IST ALLERDINGS NUR MÖGLICH WENN DERSELBE SCHURKE DIE GRÖSSE AUFBRINGT DAS HOLZ WIEDERZUBRINGEN
MIT FREUNDLICHEN GRÜSSEN
BURKY
KONTAKTE: 0178/2063124
DON*T PANIC
graue hilfe für schwarze seelen

Wir vermissen unsere 1-Jährige Katze Lou. Sie ist ganz schwarz mit einem weissen Lätzchen und Bäuchlein und eher klein und sehr zierlich gebaut. Sie ist in der Nacht vom 1. Sept. nicht mehr nach Hause gekommen. Sie wohnt an der Cuvrystrasse ganz vorne an der Spree. Für Informationen jeglicher Art bin ich Ihnen sehr dankbar. Finderlohn erhältlich.
0176 800 474 21
tanja@artserve.net

POLIZIA
DEMONSTRATION AGAINST BERLUSCONI - BERLIN
5-12-2009 h 11:00 TO ?
HIROSHIMASTR. 1
IMPORTANT!

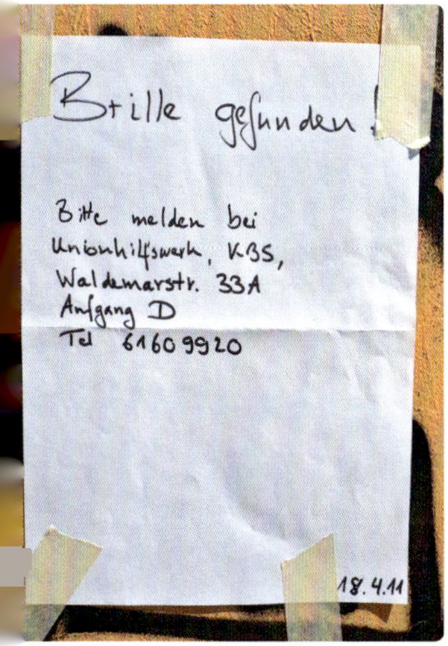
Brille gefunden!
Bitte melden bei
Unionhilfswerk, KBS,
Waldemarstr. 33A
Aufgang D
Tel 61609920
18.4.11

Schwarzer Kater vermisst
Wer hat meinen schwarzen Kater seit Montag, den 6.09., gesehen? Seine rechte Vorderpfote hat einen weißen Klecks und er hat ein paar weiße Stellen an Bauch, Brust und unter den „Achseln“.
Er trägt derzeit ein schwarz-weiß gemustertes Halsband mit Glöckchen.
Er hat eine sehr weibliche, hohe Stimme. Vielleicht hat ihn ja jemand aus einem Keller heraus schreien hören?
Bitte melde dich bei mir: 0163-7186388.
Ich bin für jeden Hinweis dankbar!

Abschleppdienst
Die absolut kostenlose Partnervermittlung,
speziell für alle einsamen Herzen von
Berlin-Friedrichshain
Laßt euch verführen
www.abschleppdienst.de
sucht

Katze vermisst!
Meine Katze ist seit dem 26.03.2011 nicht mehr zuhause gewesen.
Sie ist eine erfahrene Freigängerin und kann eigentlich permanent in unser Haus reinkommen. Da sie das seither nicht mehr getan hat, vermute ich, dass sie jemand füttert.
Ihr Name ist Mietz und sie ist etwa 7 Jahre alt.
Sie ist schwarz mit weißem Latz/Bauch, weißen Pfoten und einem weißen Punkt oberhalb ihrer Nase, zwischen ihren braun/gelben Augen.
Sie ist super lieb und zutraulich.
Bitte liebe Leute füttert keine fremden Katzen und wenn ihr sie seht, meldet euch bei mir....
Janine: 0176/ 361 98 335
Vielen Dank!

PORNO
In 8 Jahren 150.000 Wohnungen privatisiert.
WIR SIND DIE PARTEI DER MIETER!
Sozialabbau Partei Deutschland
In 8 Jahren 35 Sozial-wohnungen gebaut.
WIR SIND DIE PARTEI DER MIETER!
ATOMKRAFT? NEIN DANKE
VOGUE
MEAN JEANS
Friday 3rd:
Saturday 4th
PUNK save THE QUEERS
KØP
Die Armen ökologisch korrekt verdrängen.
WIR SIND DIE PARTEI DER MIETER!
Jäger 90/Olivgrün

Have you
seen him ?
please call

AUS
LIEBESKUMMER
SPURLOS VERSCHWUNDEN
WO IST
ROMAN TICK?
FUR SACHDIENLICHE HINWEISE BITTE MELDEN + NACHRICHT HINTERLASSEN:
0163-3866075

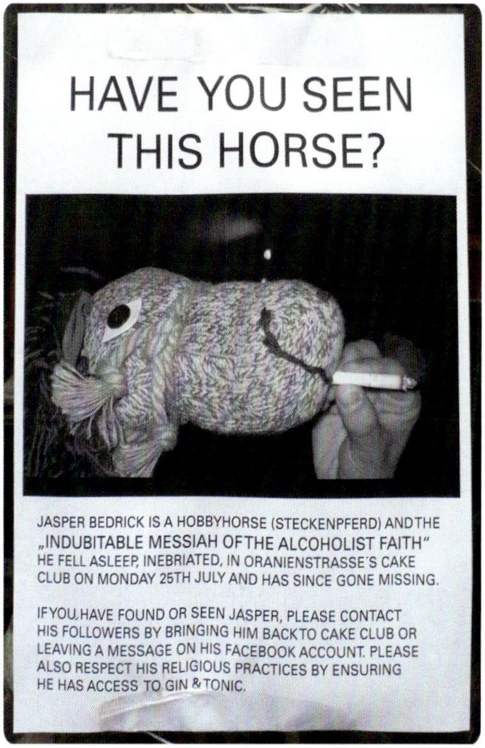
HAVE YOU SEEN
THIS HORSE?
JASPER BEDRICK IS A HOBBYHORSE (STECKENPFERD) AND THE „INDUBITABLE MESSIAH OF THE ALCOHOLIST FAITH“ HE FELL ASLEEP, INEBRIATED, IN ORANIENSTRASSE'S CAKE CLUB ON MONDAY 25TH JULY AND HAS SINCE GONE MISSING.
IF YOU HAVE FOUND OR SEEN JASPER, PLEASE CONTACT HIS FOLLOWERS BY BRINGING HIM BACK TO CAKE CLUB OR LEAVING A MESSAGE ON HIS FACEBOOK ACCOUNT. PLEASE ALSO RESPECT HIS RELIGIOUS PRACTICES BY ENSURING HE HAS ACCESS TO GIN & TONIC.

IM
ZWEIFEL
FÜR
DEN
ZWEIFEL!

RAPIST!
DON'T THINK WE
JUST GONNA
TALK
WHEN WE GET
YOU
QUEERS BASH BACK

VERMISST
„Wo ist Ai Weiwei?“
In Freiheit wurde der chinesische Gegenwartskünstler Ai Weiwei zuletzt am 3. April 2011 auf dem Pekinger Flughafen gesehen. Dort wurde er von Polizisten verhaftet. Seitdem ist er „verschwunden“, weder seine Angehörigen noch seine Anwälte wissen, wo er sich befindet. Auskunft darüber geben könnten allein die chinesischen Behörden. Von sich aus, haben diese allerdings bislang keine Auskunft über den Aufenthaltsort von Ai Weiwei gegeben. Vermutlich liegt das daran, dass sie noch nicht oft genug gefragt worden sind. Daher sollten sich interessierte Bürger direkt an den chinesischen Botschafter in Deutschland Herrn Hu Wongbo (Korrekte Anrede: Exzellenz. Telefonnummer der Protokollabteilung: 030-27588 217 Zentrale: 030-27588-0) wenden und einfach mal nach Ai Weiwei fragen. Oder sie schicken ein Fax an die Nummer 030-27588 221. (Weitere Nummern unter http://www.china-botschaft.de/det/)
Rufen Sie den chinesischen Botschafter an oder senden Sie ein Fax!
Wo ist Ai Weiwei?“
Chinesische Botschaft Berlin
Protokollabteilung
030-27588 217

RepJa
Put on Yuh Accent
myspace.com/repjaeurope
JEDEN FREITAG IM XB
LIEBIGSTRASSE34, BERLIN
MAUER HAUER POWER HOUR
MELLER
TO THE BONE
CD OUT NOW
LAKMAN/TERENCE CHILL/PABEL
MELLER-RAP.DE
I ♥ STICKERS!
Jam-Pics/Graffiti/Dates
MELLER
TO THE BONE
CD OUT NOW
LAKMAN/TERENCE CHILL/PABEL
MELLER-RAP.DE
I ♥ STICKERS!
Jam-Pics/Graffiti/Dates
JUST DIRTY...
sum
TREETFILES.ORG

KATDOG
WE THE CRISIS
Pineapple
NITAS
HM
GROLLEN
SHOPPING TOURS
CENTRIFUGA
AMERICAN
ANTIFASCISTISCHE
OBOA '10
edit
KEIN
BRATZE
SELBER MACHEN
TANC

1,90€
Spiele
uns!

EiS
SELF SERVICE
Kaffee

32cm
ab
4.90€

IL BUON GELATO
Eis

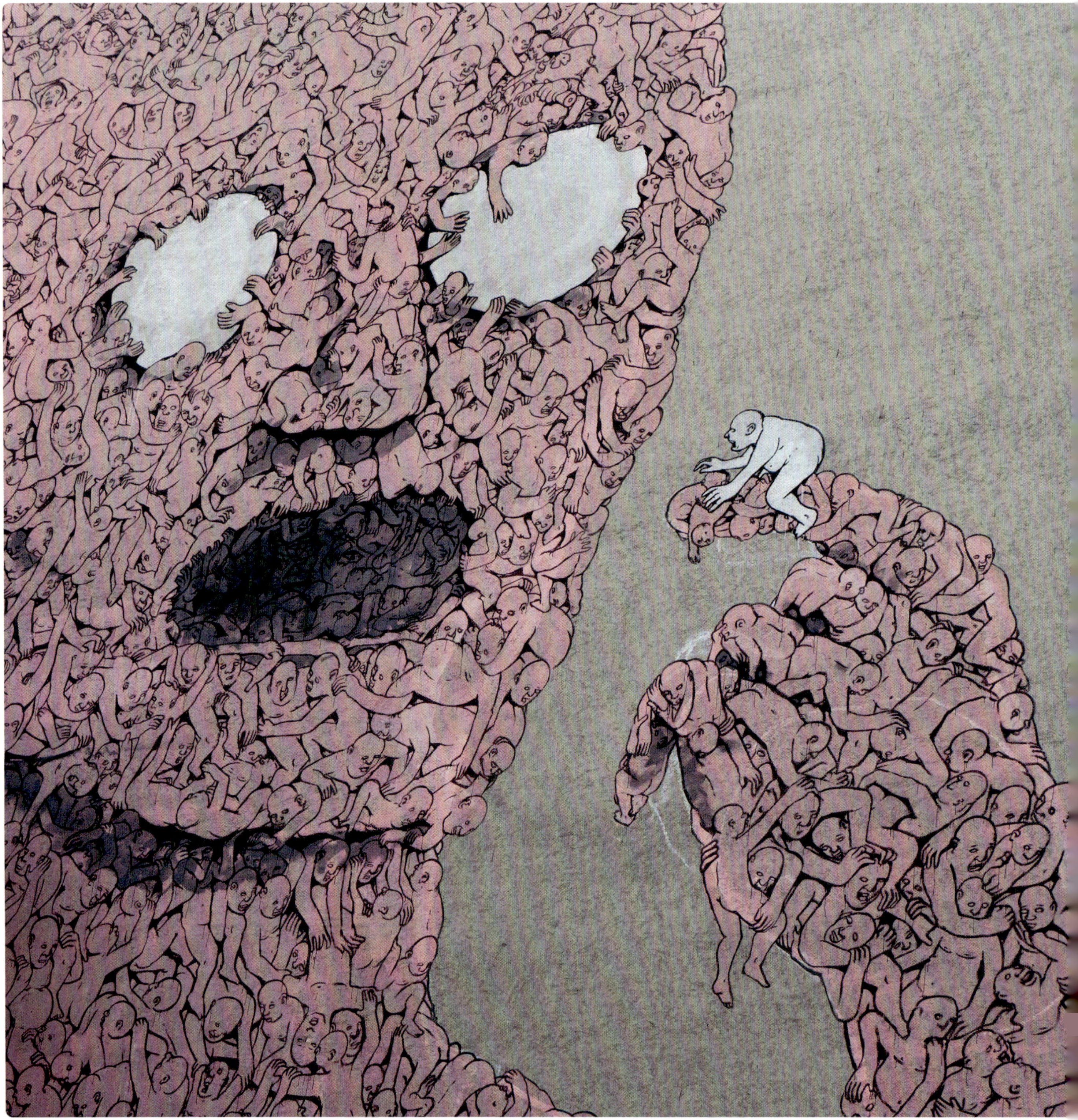

REVOLUTION
IST DIE EINZIGE
LÖSUNG!!!
FREIHEIT FÜR
MORE KESKIN!

SCHON ZUR VORRUNDE
WÜNSCHEN WIR
BEIN-
UND
HALSBRUCH!
BANDAGE FÜR DIE
GANZE BAGAGE!

JAH

HOW
LONG
IS NOW

ABER ES IST
DOCH KUNST..

2004.
2003

LITTLE LUCY
AMC
BERLIN
2008
RYUU
WHO'S BAD?
NOT ME.
FREE BIRD
CASTRO SMITH

IMAGE
EGATION
SHOW
BARON
TOWER
HANT
TONIGHT
DOGS
He respec
me... it
so wonde
RENATE 19 END OF THE TEENAGE
Yo: MRS. SNUBS
on dass wir
da ware
KEEP
THE
PRE
SUR
TWNT CREW

F.U.C.K.
SLAM DENK
HUNDI
DOOM DOG OF DOOM...
POPO...
LEIMK
KOLA
MAREK

Devrim
Olmadan kurtuluş olmaz!
Komünist bir Dünya

OSA IST DAS
NEUE SCHWARZ!!!

MAREK

MAREK
Gegen Nazis!

MEAN
MAREK

cassiopeia

PHILTH,

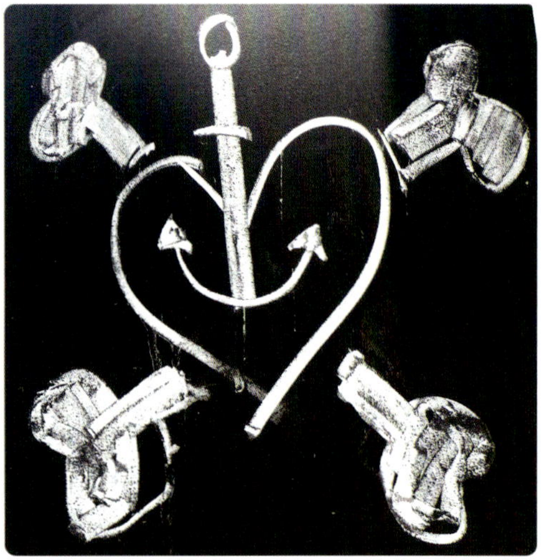

9
87

3 FLOORS
PUNKROCK/80s/INDIE/HC/60s
SURF/ALTERNATIVE/R'N'R/90s
OLD SCHOOL/MASHUP/DISCO/POP

AUTO

I
BERLIN
L.E.T.

ICH
WURDE
SCHÖN
GETRU
NKEN
L.E.T.

L.E.T.

KREUZBERG

MTO

MTO

MTO

2009
ShittyGroove

MULTUS IOCUS

REMEMBER:
YUPPIES LOL
ABUS
165/40

I'm gonna steal from the rich
Prost
And give to the poor.

BERLIN

RECLAIM YOUR CITY
IAM STACHELMONSTA JOE...

STAND UP!

ACAB
20 FREAKS

+20 freaks+

20 FREAKS

20 FREAKS
URBAN ART CRIMER
HA! HA! YO!
YO! NO! LOVE! YA
20 FREAKS

20 FREAKS

20 FREAKS

A.C.A.B.
SCHUL STREIK
9 JUNI
NAZIS BLOCKIEREN

BSR
Service-Center
Tel. 7592-4900
www.BSR.de
fuck nazis!
9 JUNI

AS
chool

ALIAS

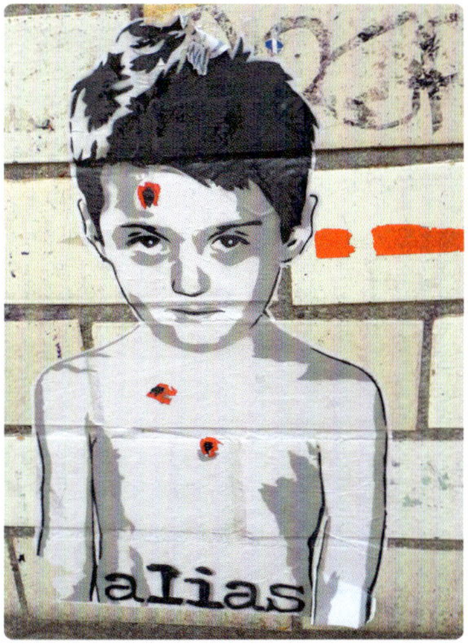
alias

Picketing
for a better
Future
ALIAS

ALIAS

13

DIKTATUR

LOAF

LOAF

NOT ME

EL BOCHO

LITTLE LUCY

LUCY WAS IT

EL BOCHO

LUCY WAR'S

CY WAS HERE

UNO
83

LITTLE LUCY

LITTLE LUCY

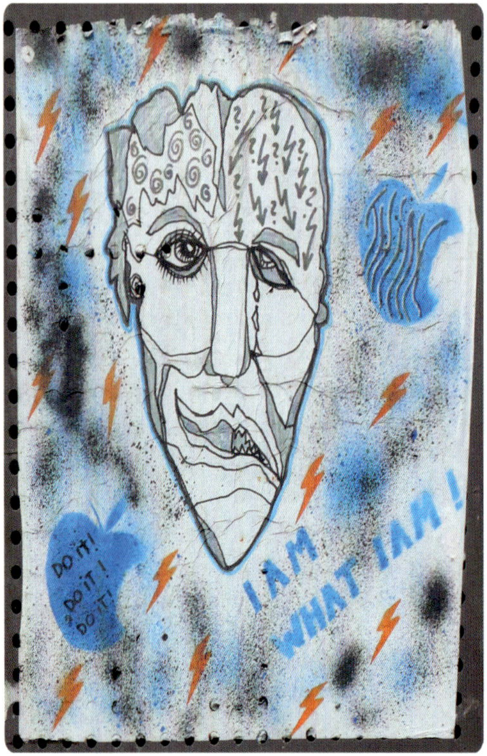
DO IT! DO IT! DO IT!
I AM WHAT I AM!

THINK

THINK

THINK

THINK
FEED YOUR
HEAD

www.innerfields.de

big daddy gun
Yuppies Raus!

PIECES OF
BERLIN
piecesofberlin.blogspot.com
BURN
COPS

freiheit ★ freedom ★ libertad
CAPITALISM KILLS.
KILL CAPITALISM.

Der Vatikan sagt NEIN!

DEAFWISH

CHECKMATE!
MOGUL

ausgestrahlt!

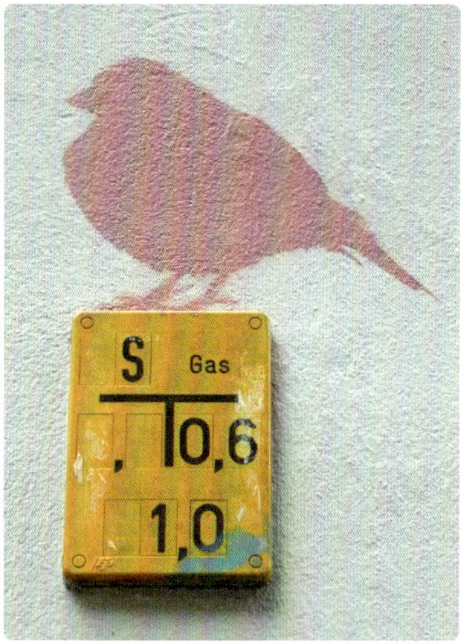
S
Gas
0,6
1,0

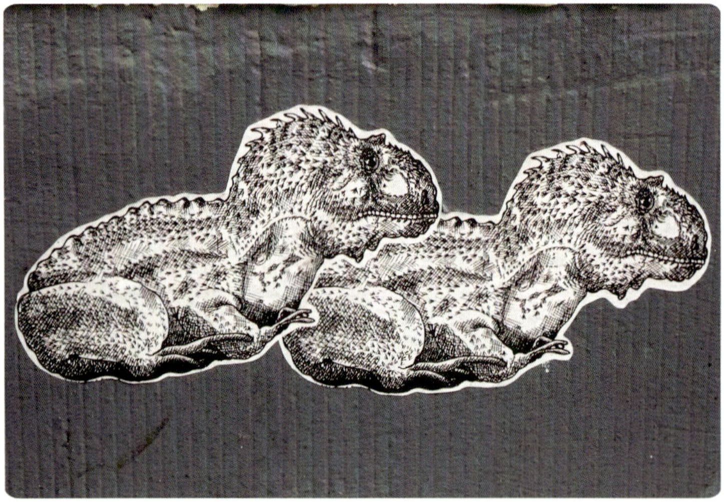

FOZZ
H1N1

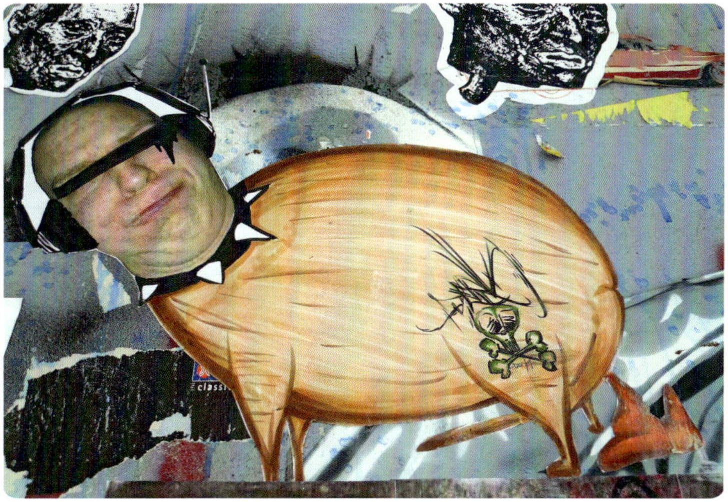

IRDS
IN
ETROL

MISS
TAKE

creature ink

Berlin wall paper

LEBEN

F

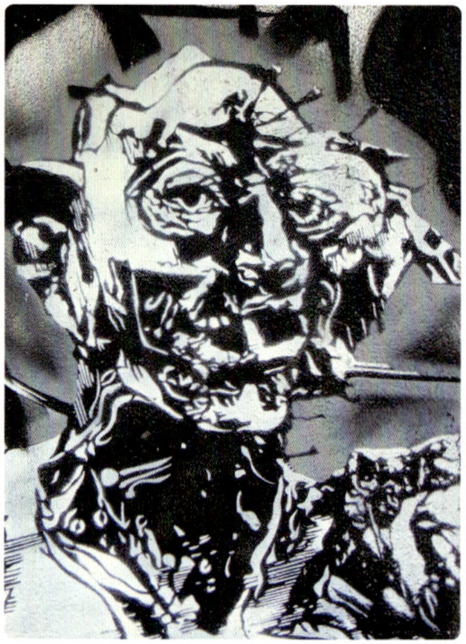

JOHNNY

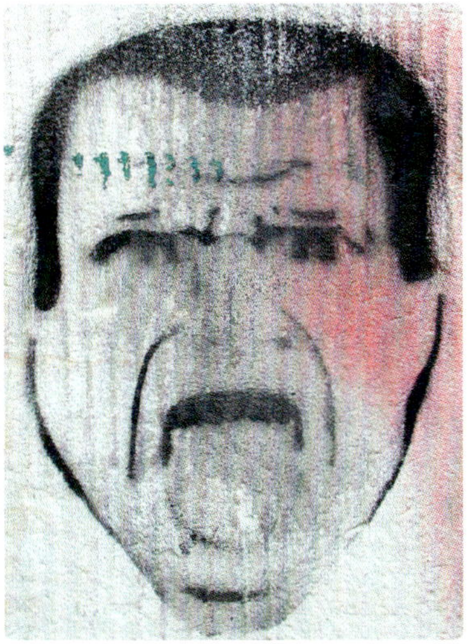

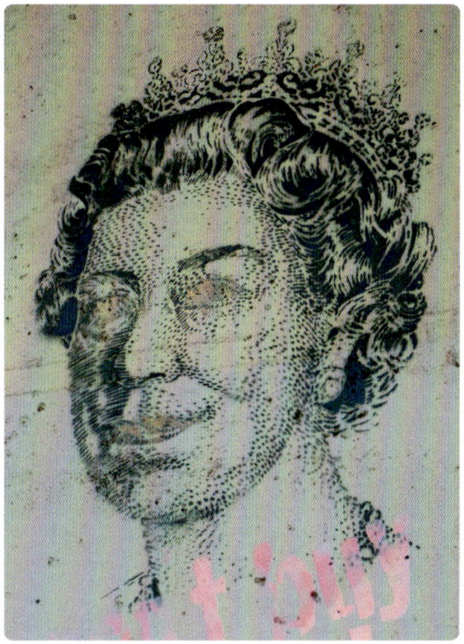

MZ

20
JAHRE
ALLES SOLL
BESSER

PENAO

5

der Kegel

YARD 5

THE BIG ONE
OUTBREAKS!

Tattoo & Piercing

GELACHT
→ GEDACHT
GEMACHT

Nachwort

Solch ein Buch über Berlin hat es noch nicht gegeben. Wir blättern es durch, finden es witzig, erhellend, überraschend und merken auf den ersten Blick gar nicht, dass es hier eigentlich um die Feldforschung zweier Völkerkundler geht, die sich als Fotografen tarnen und uns im Visier haben. Wir sind ihre Indignen. Wir werden erforscht. Das zeitgenössische Phänomen der Berlinerin und des Berliners steht hier unter Beobachtung – wie bewältigen wir unser Leben, auf welche Signale reagieren wir, wie gestalten wir unsere Umwelt, welche Zeichensprache verstehen wir.

Daniel Spehr und Kathrin Schulthess scannen die Stadt, sie sammeln die Zeugnisse der Metropole, sie entziffern unsere Hieroglyphen. Sich wiederholende Muster suchen – das ist die Aufgabe des naturwissenschaftlichen Forschers. Die beiden Schweizer sind aber auch Anthropologen. Anthropologie ist das vergleichende Studium des kulturellen und sozialen Lebens. Wichtigste Methode ist die teilnehmende Beobachtung. Kneipen, Cafés, Flohmärkte und Parks – das ist alles harte Arbeit, denn die charakteristischste Methode während des Feldaufenthaltes ist die teilnehmende Beobachtung, worunter die Integration des Forschers in das Leben einer Gruppe gefasst wird, um ihren Alltag wirklich zu verstehen.

Die Untersuchung wurde holistisch durchgeführt, ganzheitlich. Ähnlich wie in der Soziologie gelangte das Ganze unserer Gesellschaft ins Blickfeld der Fotografen, also nicht einzelne Straßen oder Bezirke, nicht einzelne Bevölkungssegmente.

Daniel Spehr und Kathrin Schulthess haben viele Monate an diesem Buch gearbeitet. Sie sind immer wieder nach Berlin gekommen und haben sich in unterschiedlichen Quartieren niedergelassen. Wir waren die Fremden. Sie haben die Menschen kennengelernt, die in Berlin leben und die Berlin gestalten. Alles war neu für sie. Sie konnten mit offenen Augen und ohne Vorurteile forschen. Aber sie waren gut vorbereitet.

Mit Listen fühlt man sich besser. Listen machen das Leben einfacher. Wir führen Geburtstagslisten, Urlaubspläne, Arbeitspläne, manche haben einen Lebensplan, jeder hat Adresslisten, Einkaufslisten, und Firmen führen Bestandslisten. Die serielle Fotografie ist ohne Listen nicht möglich. Man fühlt, dass es einer systematischen Vorbereitung bedurfte, die Bestandsaufnahme Berlins in diesem momentanen Zustand vorzubereiten. Und dass es ein gehöriger Anteil spontaner, unmittelbarer Entscheidungen bedurfte, dieses Konzept umzusetzen.

Auch die Gestaltung des Buchs erfordert eine klare Übersicht. Die Forschungsergebnisse müssen sortiert, ausgewertet und kategorisiert werden. Die ursprünglich zur Planung notwendigen Listen werden jetzt mit der Realität abgeglichen. Daniel Spehr und Kathrin Schulthess sind Fotografen und gleichzeitig Fotodesigner. Sie haben dieses Buch MADE IN BERLIN auch in Form gebracht. Das entspricht der Arbeit von Archäologen, die ausgraben, reinigen, bewerten, verwerfen und anschließend ihren Bericht schreiben und veröffentlichen.

Spehr und Schulthess stehen ganz in der Tradition von Alexander von Humboldt.
Er bereitete sich gründlich vor, sammelte, verglich und wertete gründlich aus.
Humboldt lernte den Kupferstich bei Daniel Chodowiecki und am Ende seiner
Expedition beschäftigte er für die bildliche Darstellung seiner Reise fünfzig
Spezialisten, die allein 1452 Kupferstiche anfertigten.
Das ist mit Digitalkameras heute zum Glück einfacher.
Vor seiner Reise nach Amerika bereitete Humboldt sich vor durch Projekte in
Kamsford-Könitz, Arzberg und Goldkronach.
„Meine Reise ist unerschütterlich gewiß. Ich präpariere mich noch einige Jahre und
sammle Instrumente, … dann geht es mit englischen Schiffen nach Westindien

Spehr und Schulthess sammelten ihre Erfahrung vor dem Hauptwerk MADE IN BERLIN mit Büchern über Paris, Buenos Aires und Cuba.

Humboldt entwickelte zudem ein spezifisches Aufzeichnungsverfahren zur Erfassung seiner jeweiligen Forschungsergebnisse, die „Pasigrafie“, eine Schriftzeichensprache, die die geographischen Erscheinungen durch Buchstaben, Richtungspfeile, Symbole und Abkürzungen für Formationen und Gesteine festhielt. Spehr und Schulthess entdeckten Symbolsprachen in den Straßen und Grünanlagen Berlins an oft verborgenen Orten. Humboldt fertigte Skizzen und Aufzeichnungen selbst unter widrigsten Bedingungen auf dem Orinoco-Fluß oder dem 6310 Meter hohem Chimborazo Vulkan an. Spehr und Schulthess begaben sich in ihrer Feldforschung nach Neukölln, Kreuzberg und in den Wedding. Überall sammelten sie für ihr landeskundliches Werk.
Humboldt wollte dann gern nach Kabul, Samarkand und Kaschmir eindringen. Wohin es die beiden Fotografen ziehen wird, ist uns derzeit noch unbekannt.

Hier endigt sich nun der auf der Hand liegende Vergleich. Humboldt wurde mit einer zu nichts verpflichtenden Pension von 2500 Talern bedacht und zum königlichen Kammerherrn ernannt. Wir drücken Daniel Spehr und Kathrin Schulthess die Daumen, dass ihnen ähnliches widerfährt.

Epilogue

Nobody has yet published a book about Berlin like this one.
We skim through it, find it funny, enlightening, surprising, and at first glance fail to notice that it presents the field research of two ethnographers who disguise themselves as photographers and have targeted us. We are their indigenous people. We are being researched. The contemporary phenomenon of the Berliner is under observation here – how we manage our life, which signals we react to, how we design our environment, which sign language we understand.

Daniel Spehr and Kathrin Schulthess scan the city, they collect the metropolis' testimonies, they decipher our hieroglyphs. To search for patterns that repeat themselves – that is the scientific researcher's assignment. But the two Swiss researchers are also anthropologists. Anthropology is the comparative study of cultural and social life.
Bars, cafés, flea markets and parks – all this is hard work, since participatory observation is the most characteristic and important method while on the field. This involves the researcher's inclusion in the life of a group in order to fully understand its daily routine.

The investigation was undertaken holistically, integrally. As in sociology, the photographer's field of view reached society in its entirety, not just single streets or districts, not single segments of the population

Daniel Spehr and Kathrin Schulthess worked on this book for many months. They came to Berlin again and again, settling in different quarters. We were the strangers. They met the people who live in Berlin and who shape Berlin. Everything was new to them. They could explore with open eyes and without prejudices. But they were well prepared.

Lists make you feel better. Lists make life easier. We keep birthday lists, holiday plans, work plans, some have a life plan, everyone has address lists, shopping lists, and companies have inventory lists.
Serial photography is not possible without lists.
One can feel that systematic planning was necessary to prepare the appraisal of Berlin in its current condition. And that a proper portion of spontaneous, immediate decisions were required to apply this concept.

Designing this book also demands a clear overview. The research results must be organised, evaluated and categorised. The lists that were originally necessary for planning are now adjusted to reality.
Daniel Spehr and Kathrin Schulthess are photographers and photo designers at the same time. They also got this book MADE IN BERLIN in shape. This matches the work of an archaeologist, who digs, cleans, evaluates, discards and finally writes and publishes a report.

Spehr and Schulthess wholly follow the tradition of Alexander von Humboldt. He thoroughly prepared himself, collected, compared and evaluated meticulously. Humboldt learned copper engraving from Daniel Chodowiecki and at the end of his expedition employed fifty specialists for the pictorial depiction of his trip. They alone produced 1452 copper engravings. Fortunately, digital cameras have now simplified the process.

Before his trip to America, Humboldt prepared himself through projects in Kamsford-Könitz, Arzberg and Goldkronach. „My trip is imperturbably certain. I will prepare myself for several more years and collect instruments, ... then I will leave for the West Indies with English ships.“

Before completing their main work MADE IN BERLIN, Spehr and Schulthess gained their experience through books on Paris, Buenos Aires and Cuba.

Humboldt also developed a individual recording method for compiling his specific research results, „pasigraphy“, a written sign language that recorded geographical occurrences with letters, arrows, symbols and abbreviations of formations and rocks. Spehr and Schulthess discovered languages of symbols in Berlin's streets and green areas, often in hidden spaces. Humboldt drew sketches and made recordings even under the most adverse conditions on the Orinoco river or the 6310 metre high Chimborazo volcano. For their field work, Spehr and Schulthess ventured into Neukölln, Kreuzberg and Wedding. They collected information everywhere for their regional work.
Humboldt then planned a foray to Kabul, Samarkand and Kashmir.
Where the two photographers will head next is currently still unknown.
This is where our obvious comparison ends. Humboldt received a pension of 2500 thalers with no obligations and was named royal chamberlain.
We will keep our fingers crossed that a similar future awaits Daniel Spehr and Kathrin Schulthess.

Ein großer Dank gilt den aktiven Straßenkünstlern:
Mein Lieber Prost, alias, Mean Marek, NOMAD, Blu, Blo, El BOCHO, MISTER MN, MTO, TONA, Bimer, Haevi Styles, Wurstbande, Perci, Karacho, DOLK, CUPK, KöRM, AZIONE, JUST, SAM, Hrv Bias, EMCORE, MOI, JONES MAN JONES, Jana & Js, THINK, Bo Ing, MIMI the Clown, Feliks Stift, SHIDA ART, xXcrew, 20 Freaks, MYMO, Owys, Rusk, Ta550, AKUT, KRIPOE, CZARNOBYL, ESHOK, FINO, SVEN, GLOK, INKA, Dude Comp; n0el, TIM ROBOT, Decycle, ROA, Loaf, Above, LYTE, Irgh Fünf, Miss Van, Creature INK, marii pftb, Xooooх, C215, AM to PM, SOE, URBEN, El Mac, ANTON UNAI, DDG, EMESS, Boa, MICRO, MASSMIX, MYMONSTERS, NEON, NEROMONGA, MADC, SP38, TIKA, {-_-} VECTORIAN, WOW THE DEAD, ZONENKINDER, 1010, Doomsday, Aski, FUK LABORATORIES, NO MAGIC, VLEPVNET, L`Atlas, HTHC, Herakut, SKIM, Shepard Fairey, Nunca, Phos, REW, Kofie, L.E.T; Vhils, EVOL, Boxi, TLS, POET, CMD, Funk, TRUS, ECKZ, PO!, Thizo, SKIN, GRAB, ADP; crazi, STEADi, TCK, TRON, HORFE, Pepsi, 1uP, TomCat, Smash 137, Viv1, Unsin, Tilda, Dust, Eastpak, Swanski, Dave the Chimp, Ash, Jonone, Mode2, Pips Lab, Skki, Swoon, Insa+Inkie, Score, Pekor, Town, WESP, Hokus, Kane, Mr. Ice, Wesp, Drik, 4-some, JamOnIt, BRONE 156, VICTOR ASH, LICHT, TYPISM, CASE, AIM, LECKOMIO, COLE, KACAO, Poker, WON, 6_-_-.4rtist, BLIND, brainsen, der herr und sein knecht, frischgestrichen, Frl. Zucker, ony2, red line district, ZEKER81, rvuu, Adnate Meo, Manwe, MOLOCH, SENF, CAZ.L, , ao`sm, DETOXone, VeryApeArt, Graco, Saftladen, CitÉNOIR, MENTALGASSI, ROUGH, Jaybo, ABIS, ACID, BAS2, BURN, COZ CREW, PHERS, Me !0_o?, icon73, Milos . . .